KB155730

평범한 우리 어린이들을 다음 세대
위인으로 만들어 줄 교과서 위인 이야기!
효리원의 교과서 위인 이야기는 초등학교
교과 과정에 나오는 국내외 위인들을, 우리나라
최고 아동 문학가 53인이 재미있게 동화로 구성했습니다.
지혜와 용기로 위대한 삶을 산 위인들의 이야기는,
어린이들의 마음속에 '나도 할 수 있다.'는
희망의 씨앗을 심어 줄 것입니다!

일러두기

1. 띄어쓰기와 맞춤법 : 초등학교 국어 교과서와 국립국어원의 『표준국어대사전』을 기준으로 하였습니다.

2. 외래어 지명과 인명 : 국립국어원의 『외래어 표기 용례집』을 기준으로 하였습니다.

3. 이해가 어려운 단어 : ( ) 안에 뜻풀이를 하였습니다.

4. 작가 연보 : 연도와 함께 나이를 표기하고, 업적을 간략히 소개하였습니다. 우리나라 위인은 태어난 해를 한 살로 하였고, 외국 위인은 만 나이를 한 살로 하였습니다. 정확한 자료가 없는 위인은 연도와 업적만을 나타냈습니다.

5. 내용 구성 : 위인의 삶은 역사적 자료를 바탕으로 최대한 사실적으로 구성하였습니다. 그러나 읽는 재미를 위해 대화 글이나 배경 묘사, 인물의 감정 표현 등에 작가의 상상력을 가미하였습니다.

6. 그림 구성 : 문헌을 바탕으로 위인이 살던 시대를 충실히 나타내도록 하되 복식의 색상이나 장식, 소품, 건물 등은 작가의 상상으로 그렸습니다.

7. 내용 감수 : 각 분야의 전문가들로 구성된 편집 위원들이 꼼꼼히 감수를 하였습니다.

편집 위원

김용만(우리역사문화연구소장)
교과서에서 만나는 위인들을 중심으로 일화와 함께 그림과 사진을 곁들여 지루하지 않게 읽을 수 있습니다. 술술 읽다 보면 학교 공부에도 많은 도움이 될 것입니다.

신현득(동시인, 전 새싹회 회장)
우리가 자주 듣고 접하는 역사 속 실존 인물들이 자신의 꿈을 이루기 위해 어떻게 노력했는지 깨달아 가면서 우리 어린이들은 한층 더 성숙해질 것입니다.

윤재운(동북아역사재단 연구 위원)
위인전을 읽으면서 어린이들은 시대를 넘어 간접 체험을 할 수 있습니다. 어떻게 살아야 하는지 인생에 대한 동기 부여와 함께 삶이 보다 풍요로워질 것입니다.

이은경(철학 박사, 전북과학대 유아교육학과 교수)
한 사람의 인격과 품성은 어릴 때 형성됩니다. 따라서 초등학교 저학년 때

어떤 책을 읽느냐에 따라 생각의 크기가 달라집니다. 어린이의 미래를 위해 이 책은 꼭 읽어야 합니다.

이창열(하버드 대학교 물리학 박사, 전 국가과학기술자문회의 전문 위원)
세상을 바꾼 위대한 인물의 이야기는 어린이의 인성 및 감성 발달에 큰 영향을 미칠 뿐 아니라 실험 정신과 개척 정신을 길러 줍니다. 용기와 지혜로 세상을 헤쳐 나가는 당당한 어린이를 꿈꾼다면 이 책은 꼭 한번 읽어 보아야 합니다.

정재도(한글학자)
위인으로 일컬어지는 이들은 어떤 생각을 하고, 어떤 삶을 살았을까요? 그들의 흔적을 담은 위인전은 복잡한 현대를 이끌어 갈 우리 어린이들에게 나침반과 같은 역할을 할 것입니다.

조수철(서울대학교 의과대학 소아정신과 교수)
위인전은 시대와 신분, 업적이 다른 위인들의 삶이 다양하고 흥미롭게 구성되어 있어 손쉽게 여러 삶의 모습을 만날 수 있습니다. 용기 있게 고난을 헤쳐 나간 위인의 이야기를 통해 삶의 지혜를 배울 수 있을 것입니다.

노예 제도를 폐지시킨
위대한 대통령
링컨

김자환 글 / 최주석 그림

효리원
hyoreewon.com

이 책을 읽는 학부모님과 선생님께

우리 인류사에는 동서양을 망라해 수많은 위인들이 있지만, 그 중에서도 에이브러햄 링컨처럼 특이한 경우는 드물 것입니다.

링컨은 개인적으로 철저하게 불행한 사람이었습니다.

산골 마을의 가난한 개척민의 아들로 태어난 것이 그렇고, 어려서 어머니를 잃은 것이나 학교 교육을 1년도 받지 못한 것, 여러 차례에 걸친 선거에서의 낙선, 불행한 결혼 생활, 그리고 남북 전쟁에서 승리한 후 암살자의 총탄에 숨을 거두기까지, 그의 일생은 불행의 연속이었습니다.

그러나 링컨은 그러한 불행을 딛고 일어나 노예 해방과 민주주의 발전이라는 커다란 업적을 남겼습니다.

그렇기에 그의 위대함이 더욱 빛나지 않나 싶습니다.

이 책을 읽는 부모님이나 선생님께서는 링컨의 '자신의 힘으로 이룬 위대함'과 '인간애'에 초점을 맞추어 어린이들을 지도하기를 부탁드리고 싶습니다.

링컨은 학교 교육이나 부모님의 도움을 받지 못한 채 책을 찾아보며 혼자서 공부를 했고, 모든 어려움을 자신의 힘으로 극복해 나갔습니다. 그리고 마침내 대통령이 되어 노예 제도를 폐지하고, 흑인 노예들을 해방시켰습니다.

이 점은 자립심과 극기심이 부족한 요즘 어린이들에게 큰 가르침이 될 것입니다. 또한 흑인 노예를 형제와 자매로 생각했던 링컨의 인간애도 어린이들의 인간화 교육에 큰 몫을 할 것이라고 믿습니다.

링컨은 미국 켄터키주의 산골 마을에서 가난한 농부의 아들로 태어났습니다. 어려서 어머니를 잃는 불행을 겪고, 학교 교육이라고는 1년도 채 받지 못했습니다.

이런 어려움 속에서도 링컨은 책을 읽으며 스스로 공부를 하고, 모든 어려움을 꿋꿋이 이겨 냈습니다. 그리고 마침내 미국의 16대 대통령이 되었습니다.

자유와 평화를 사랑한 링컨은 대통령이 된 뒤, 남북 전쟁을 승리로 이끌며 노예 제도를 폐지해 흑인 노예들에게 자유를 주었습니다.

그리하여 세상을 떠난 지 150여 년이 지난 지금도 흑인 노예들의 아버지로서, 민주주의를 발전시킨 꽃으로서 존경을 받고 있습니다.

이 책을 읽는 어린이들도 링컨의 위대한 정신을 본받았으면 합니다.

글쓴이 김자환

차 례

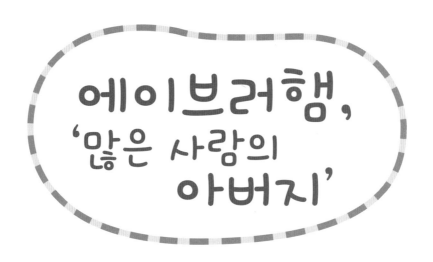

에이브러햄,
'많은 사람의
아버지'

　깜깜한 밤하늘에 수도 없이 많은 별들이 총총 빛나고 있었
습니다. 그것을 바라보는 소년 링컨의 눈도 초롱초롱 빛이 났
습니다.

　"에이브."

　새어머니가 가만히 다가와 에이브의 어깨에 다정히 손을 얹
었습니다. 에이브는 에이브러햄 링컨의 애칭(정답게 부르는 이
름)입니다.

　"아, 새엄마."

에이브러햄 링컨 | 흑인 노예를 해방시키고, 민주주의를 발전시킨 미국의 16대 대통령입니다.

에이브가 새어머니를 바라보며 방긋 웃었습니다.

"뭘 그렇게 열심히 보고 있니?"

"네, 별들을 보고 있어요."

새어머니도 에이브 옆에 나란히 앉았습니다.

"오, 별이 참 아름답구나."

"네, 그런데 새엄마, 하늘의 별은 몇 개나 될까요?"

"글쎄……. 네가 한번 세어 보지 그러니?"

"아무리 해도 다 셀 수가 없어요. 너무 많아요."

새어머니는 호호호 웃었습니다.

새어머니는 호기심 많고, 무엇이든 배우려고 하는 에이브를 마음속 깊이 사랑했습니다.

"그렇지? 아주 많지? 저 하늘에도 별이 저렇게 셀 수 없이 많지만, 우리가 사는 이 땅에도 별만큼이나 수도 없이 많은 사

링컨의 집 | 일리노이주 스프링필드에 있는 에이브러햄 링컨의 집입니다.

람들이 살고 있단다."

"그렇게나 많아요? 별만큼이나?"

에이브의 눈이 동그래졌습니다. 산골 마을에서만 살아온 촌뜨기 에이브는 넓은 세상일은 까맣게 몰랐습니다.

"왜, 놀랐니? 세상엔 많은 나라들이 있단다. 그중에서도 우리 미국은 아주 크고 넓은 나라이고."

"……."

"에이브, 네 이름 '에이브러햄'의 뜻을 알고 있니?"

에이브는 고개를 가로저었습니다.

에이브는 이곳 인디애나주의 산골 마을로 이사 오기 전에 학교를 서너 달 다녔을 뿐입니다. 그래서 겨우겨우 글을 읽고 쓸 수는 있지만, 아는 것이 너무도 없었습니다.

"잘 들어, 에이브."

새어머니는 엄숙한 표정으로 말을 이었습니다.

"에이브러햄은 성서에 나오는 사람의 이름이란다(우리나라 구약 성서에는 '아브라함'으로 씌어 있습니다). 이 이름은 '많은 사람의 아버지'란 뜻이 담겨 있단다."

"아······."

"성서에 나오는 에이브러햄은 믿음과 용기가 매우 뛰어난 분이란다. 그래서 하나님의 사랑을 받아 복받은 땅을 얻게 되고, 나중에는 이름에 담긴 뜻처럼 '많은 사람의 아버지'가 되었단다. 에이브, 너도 네 이름처럼 장차 큰사람이 되어야 해. 알겠니?"

"네, 새엄마!"

링컨 초상화가 들어 있는 미국의 5달러 지폐

　에이브는 주먹을 불끈 쥐었습니다. 지금은 비록 가난한 농부의 아들로 힘들게 살아가고 있지만, 장차 많은 사람들을 위해 훌륭한 일을 해야겠다는 신념이 가슴속에서 용암처럼 부글부글 끓어올랐습니다.

　이 소년이 바로 미국의 16대 대통령을 지낸 에이브러햄 링컨입니다. 링컨은 미국의 노예 제도를 없애고 노예를 해방시켜, '흑인 노예의 아버지'로서 지금도 많은 사람들의 존경을 받고 있습니다.

책벌레
링컨

에이브러햄 링컨은 1809년 2월 12일, 미국 켄터키주의 놀린 크리크라는 외딴 산골 마을에서 태어났습니다.

아버지 토머스 링컨은 개척민이었습니다. 개척민이란 새로운 땅을 찾아서 거친 땅을 일구고, 그곳에 삶의 터전을 마련하는 사람들을 말합니다.

그래서 링컨은 고향을 떠나 자주 이사를 다녀야 했습니다. 링컨은 두 살 때 노브 크리크로 이사를 갔으며, 일곱 살 때에는 다시 인디애나주로 이사를 했습니다.

링컨의 가족들은 명랑하고 화목했지만, 살림살이가 무척 어려웠습니다. 문과 창과 굴뚝이 하나씩 있는 통나무집에서 살았고, 날마다 고된 농사일에 매달려야 했습니다.

먹을 것도 늘 부족했습니다. 어린 링컨도 농사일을 거들어야 했습니다.

링컨이 아홉 살 되던 해, 어려운 살림을 꾸려 가던 어머니가 밀크병(독풀을 먹은 젖소의 젖을 먹고 걸리는 병)에 걸려 세상을 떠나고 말았습니다. 링컨은 하늘이 무너지는 것 같은 슬픔에 잠겼습니다.

두 살 위 누나인 사라가 어렵사리 안살림을 꾸려 갔지만, 생계는 더욱 어려워지기만 했습니다. 링컨의 집에 웃음이 사라져 갔습니다.

불행 중 다행으로, 2년이 채 지나기 전에 아버지가 재혼을 했습니다. 새어머니인 사라 부시는 매우 너그럽고 자상한 사람이었습니다. 특히 의붓아들인 링컨을 친자식처럼 사랑했습니다.

"사람은 배워야 한단다. 그래야 세상을 바르게 볼 수 있고, 큰일을 할 수 있지."

새어머니는 아버지의 반대를 무릅쓰고 링컨을 학교에 보냈습니다. 그러나 산골 마을의 통나무집 학교는 배우려는 학생 수가 너무 적어서 두 달 만에 그만 문을 닫고 말았습니다.

"학교에 가지 않더라도 책을 읽으면 돼. 책 속에는 많은 사람들의 이야기가 들어 있고, 지식이 들어 있고, 사람이 살아갈 길이 들어 있거든."

새어머니는 실망하는 링컨에게 용기를 심어 주었습니다. 새어머니는 정직하고 신념이 곧은 링컨을 마음 깊이 신뢰했습니다.

"알겠어요, 새엄마. 열심히 공부해서 꼭 훌륭한 사람이 되겠습니다."

이때부터 링컨은 책을 읽기 시작했습니다. 하지만 집이 가난해서 책을 살 돈이 없었기 때문에 빌려서 읽었습니다.『이솝 이야기』며『로빈슨 크루소』,『워싱턴 전기』는 아무리 읽어도 싫증이 나질 않았습니다.

성경책과 역사책을 밤을 새워 가며 읽고 또 읽었습니다. 책을 읽고 있으면 눈앞이 환해지는 듯했고, 한없는 지혜가 샘솟는 것 같았습니다. 힘이 불끈 솟았습니다.

"에이브, 그만 자라. 어서 자야 내일 또 일을 하지."

아버지는 책 속에 빠져 있는 아들이 못마땅했습니다. 아버지는 농사짓는 방법만 잘 알면 훌륭한 농부가 되어 잘살 수 있다고 생각했습니다. 그는 아들 에이브러햄이 성실한 농부가 되기를 바랐습니다.

"네, 아버지. 지금 자겠습니다."

그래 놓고도 링컨은 아버지가 잠이 들면 몰래 일어나 다시 책을 읽었습니다. 이러는 링컨을 가족들은 '책벌레'라고 불렀습니다.

비가 몹시 내리던 어느 날이었습니다. 링컨은 6킬로미터나 떨어진 마을에서 빌려 온 책을 읽고 있었습니다. 몇 번이나 읽고 또 읽었던『워싱턴 전기』였습니다.

'나도 워싱턴 대통령처럼 훌륭한 사람이 되어야지!'

밤이 깊어 가는 줄도 모르고 책을 읽던 링컨은 지친 나머지 그만 깜박 잠이 들었습니다.

다음날 아침, 눈을 뜬 링컨은 소스라치게 놀랐습니다.

간밤에 지붕을 타고 새어 든 빗물로 책이 흠뻑 젖고 만 것입니다.

'오, 하느님! 책이 젖어 버리다니. 이 일을 어쩌지? 더구나 이건 빌려 온 책인데……'

링컨은 눈앞이 캄캄했습니다.

책이 망가졌으니 새 책을 사서 주인에게 돌려주어야 하는데, 집에는 그럴 돈이 없었습니다.

"에이브, 왜 그러니?"

울상을 짓고 있는 링컨을 보고 새어머니가 물었습니다.

"책이 망가졌어요. 빌려 온 책인데……."

"저런! 지난밤 비에 그렇게 됐구나."

"어떡하면 좋아요? 주인 아저씨가 절 믿고 빌려 주셨는데."

새어머니는 안절부절못하는 링컨에게 용기를 주었습니다.

"가서 정직하게 말씀드리고 용서를 비는 게 어떻겠니? 어차피 이렇게 된 일, 당당하게 맞서서 해결해야 씩씩한 사나이 아닐까?"

링컨은 힘차게 고개를 끄덕였습니다.

"네. 그렇게 할게요, 엄마."

링컨은 새엄마라고 부르지 않고 엄마라고 불렀습니다. 자기를 믿어 주는 새어머니가 이젠 친어머니와 조금도 다를 바가 없었습니다.

링컨은 용감하게 책 주인을 찾아갔습니다.

"죄송합니다. 제 잘못으로 아저씨의 소중한 책을 망가뜨렸습니다."

책 주인은 오히려 링컨을 위로했습니다.

"괜찮다. 지붕이 새는 모양이구나. 난 이미 다 읽은 책이니 마음 쓰지 마라."

"아니에요. 제 잘못이니 제가 책임을 져야지요. 제가 일을

해서 책값을 갚도록 하겠습니다."

링컨은 사흘 동안이나 책 주인의 농사일을 도왔습니다. 책 주인은 크게 감동했습니다.

"넌 책임감이 아주 강한 어린이로구나. 나중에 꼭 훌륭한 사람이 될 거야."

책 주인은 링컨을 칭찬하면서 빗물에 젖은 『워싱턴 전기』와 함께 다른 책 몇 권을 상으로 주었습니다.

"아저씨, 감사합니다, 감사합니다."

링컨은 뛸 듯이 기뻐하면서 집으로 돌아왔습니다. 그러고는 또다시 책 속으로 빠져들었습니다.

일하면서
배우다

열네 살, 열다섯 살, 링컨은 나이가 들면서 점점 더 건장하고 꿋꿋한 젊은이로 성장해 갔습니다. 키가 또래 친구들보다 두어 뼘은 더 크고, 힘도 장사였습니다.

그래서 누구보다도 농사일을 잘했습니다.

링컨은 고된 농사일 속에서도 성경책을 하루도 빼놓지 않고 읽었습니다. 그러면서 새어머니와 한 약속을 자주 떠올렸습니다. 그것은 '바른 사람이 되어 많은 사람들에게 사랑받는 것'이었습니다.

세상에는 착한 사람들이 있는가 하면, 남을 속이고 거짓말을 하는 나쁜 사람들도 있습니다. 용감한 사람, 비겁한 사람, 정직한 사람, 자기만 아는 욕심쟁이…….

'사람들의 성격이 저마다 다른 것처럼 이 세상도 마찬가지야. 어떻게 하면 사람들의 마음을 하나로 모아 좋은 세상을 만들 수 있을까?'

링컨은 책을 읽으면서 생각에 잠기는 시간이 많아졌습니다.

'먼저 나부터 올바른 사람이 되어야 해. 사람들이 모여 사는 데에는 반드시 지도자가 필요하며, 지도자가 정직하고 올바르면 그 사회는 정의로운 사회가 될 수 있을 거야.'

링컨은 성경과 책에서 읽은 것들을 실천에 옮겼습니다. 그러면서 세상살이에 필요한 지식과 지혜, 지도자로서의 품성을 스스로 배워 갔습니다.

1824년 봄, 링컨은 어느 가게에서 점원으로 일하게 되었습니다. 가게 일을 돌보는 한편 틈틈이 새로운 책을 읽었고, 이때 처음으로 신문이라는 것을 보게 되었습니다.

신문을 읽게 된 링컨은 마치 물을 만난 물고기 같았습니다. 하루하루 세상 돌아가는 것을 알게 되었으며, 그 당시 미국의 정치와 사회를 조금씩 이해하게 되었습니다.

또, 피셔 검사를 비롯해서 가게에 찾아오는 손님들과 세상일에 대해 토론을 벌이기도 했습니다. 법률 공부도 시작했습니다.

열일곱 살의 링컨은 어느새 키가 190센티미터나 되는 건장한 청년으로 성장해 있었습니다.

그 무렵 켄터키주와 인디애나주의 경계를 이루는 오하이오강에는 많은 여객선과 화물선이 드나들었습니다. 링컨은 작은 나룻배로 인디애나주 쪽의 손님을 강 한가운데에 있는 여객선까지 실어다 주는 일을 했습니다. 돈도 제법 벌 수 있었고, 손님들에게 세상 이야기도 많이 들을 수 있어서 큰 공부가 되었습니다.

그러던 어느 날, 오하이오강의 뱃사공인 딜 형제와 싸움이 벌어졌습니다.

바위에 조각된 4명의 대통령 얼굴 | 미국의 사우스 다코타주 러시모어산 바위에는 미국의 역대 대통령 중 가장 위대한 4명의 얼굴이 조각되어 있습니다. 왼쪽부터 워싱턴, 제퍼슨, 루스벨트, 링컨 대통령의 모습입니다.

"왜 우리 손님을 빼앗아 가는 거냐?"

키 크고 힘이 센 링컨은 조금도 두려워하지 않았습니다.

"내가 손님을 빼앗아 간다고? 이 강이 너희들 강이라도 되는 거야?"

"우리에게는 허가증이 있는데, 너에게는 허가증이 없잖아. 그러니 불법이라는 거지."

"뭐라고? 나는 법을 어긴 일이 없으니 판사에게 가서 따져

보도록 하자."

링컨은 딜 형제와 함께 판사를 찾아갔습니다.

판사가 링컨에게 물었습니다.

"허가증 없이 손님을 실어 날랐나?"

"네, 허가증은 없습니다. 그렇지만 저는 강을 건너는 손님을 태운 것이 아니라, 강 가운데 있는 여객선까지만 손님을 날랐습니다. 그러므로 불법이 아니라고 생각합니다."

판사는 법률 책을 뒤져 보고 나서 판결을 내렸습니다.

"에이브러햄 링컨은 손님을 태우고 강을 건너지 않았으니

허가증이 필요하지 않다. 따라서 링컨이 한 일은 정당하다."

딜 형제는 더 이상 아무 말도 하지 못했습니다. 링컨은 이때 법률의 중요성을 깨달았습니다.

링컨 | 링컨은 학교 교육 없이 혼자 공부하여 변호사가 되었습니다.

'법을 공부해서 변호사가 되어야겠어. 변호사가 되면 법을 몰라 억울하게 피해를 당하는 사람들에게 도움을 줄 수 있을 거야.'

링컨은 그날로 법률 책을 구해 열심히 공부했습니다.

어찌 사람이
사람을…….

"이보게, 에이브."

이웃 마을에 사는 젠트리 씨가 링컨을 찾아왔습니다.

"부탁이 있어서 왔네."

젠트리 씨는 큰 상점의 사장이었습니다.

"부탁이라고요?"

"자네가 아니면 마음 놓고 맡길 수 없는 일이 있어."

젠트리 씨는 정직하고 지혜로운 링컨을 깊이 신뢰하고 있었습니다. 링컨은 자기를 믿어 주는 젠트리 씨가 고마웠습니다.

"제가 할 수 있는 일이라면 기꺼이 하겠습니다. 무슨 일이지요?"

"배로 뉴올리언스까지 물건을 운반하는 일이네. 보수는 충분히 주겠네."

링컨은 귀가 번쩍 뜨였습니다. 뉴올리언스는 프랑스, 에스파냐, 독일, 포르투갈 등 여러 나라 사람들이 모여 사는 엄청나게 큰 도시입니다. 미시시피강을 타고 거슬러 올라가면 됩니다. 큰 도시 사람들이 사는 모습을 직접 보고 경험할 수 있는 좋은 기회였으므로 링컨은 망설이지 않고 승낙했습니다.

"믿어 주셔서 감사합니다. 해 보겠습니다."

이렇게 해서 열아홉 살의 링컨은 뉴올리언스로 가게 되었습니다. 젠트리 씨의 아들 앨런과 함께였습니다.

링컨과 앨런은 물건을 무사히 운반하여 뉴올리언스의 상점에 전했습니다. 그리고 도시 구경에 나섰습니다.

"앨런, 이게 꿈은 아니지? 세상에 이런 곳이 있다니!"

링컨은 벌어진 입을 다물 줄 몰랐습니다. 우뚝우뚝 솟은 새

일리노이주 주청사 건물 앞에 있는 에이브러햄 링컨 동상

건물들과 번화한 거리, 그리고 오가는 사람들의 화려한 차림과 활기찬 모습들을 넋을 잃고 바라보았습니다.

"촌뜨기 티 그만 내고 어서 가자고. 어, 저기 사람들이 많이 모여 있네! 무슨 구경거리가 있나 봐."

앨런이 팔을 잡아끌었습니다. 앨런을 따라 사람들 틈을 헤

집고 들어간 링컨은 소스라치게 놀랐습니다.

"어, 저, 저건!"

높이 세워진 단 위로 흑인들이 한 사람씩 끌려 나왔습니다.
흑인들은 벌거벗겨진 채 쇠사슬에 묶여 있었습니다. 마치 팔
려 가는 소나 말처럼 비참하기 짝이 없는 모습이었습니다.

"이 물건을 보세요. 가슴이 딱 벌어지고 허리가 가늘어서 힘
이 세 보이지 않습니까? 이 물건은 다른 놈들보다 일을 두 배
로 하니 값도 높습니다. 이 물건이 필요한 분 없으십니까?"

사람을 아예 '물건'으로 부르는 것을 보고 링컨은 치를 떨었습니다. 말로만 듣던 노예 시장을 직접 눈으로 본 것입니다.

"어찌 사람이 사람을……."

링컨은 주먹을 불끈 쥐었습니다.

젊은 남자 노예가 팔려 가자 이번에는 여자 흑인 노예가 끌려 나왔습니다.

"이 물건은 요리를 아주 잘하고, 목화도 잘 땁니다. 이 물건을 사시면 여기 딸린 어린애는 반값에 드리겠습니다."

노예 상인은 함께 끌려 나온 소녀를 가리켰습니다.

여자 노예의 딸이었습니다.

"내가 사겠소. 하지만 꼬맹이는 필요 없소."

어머니가 팔려서 끌려가자 소녀가 울부짖었습니다.

"엄마! 무서워요! 저도 데려가 주세요."

그러나 노예 상인은 어머니와 헤어지지 않으려고 발버둥치는 소녀를 인정사정 없이 채찍으로 후려쳤습니다. 끌려가면서도 뒤를 돌아보며 안타깝게 딸을 외쳐 부르는 여자 노예에

게도 채찍이 떨어졌습니다.

"아니야! 이건 아니야! 말도 안 돼!"

링컨의 눈에서 눈물이 주르르 흘러내렸습니다.

"백인이든 흑인이든 똑같은 하나님의 자녀인데, 흑인이라고 해서 어찌 노예로 부린단 말인가! 이건 죄악이야."

링컨은 노예 상인들과, 노예를 사려고 모여든 사람들을 바라보며 굳게 결심을 했습니다.

'두고 보아라. 나 에이브러햄 링컨은 반드시 노예 제도를 폐지하고, 미국 땅에서 노예들을 해방시킬 것이다. 신분의 차이가 없는 평등한 세상을 만들 것이다. 노예 해방을 위해 내 일생을 바칠 것이다.'

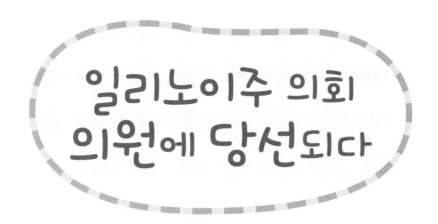

일리노이주 의회
의원에 당선되다

1830년 3월, 링컨 가족은 새로운 개척지를 찾아 다시 일리노이주로 이사를 했습니다.

이듬해 스물두 살의 청년이 된 링컨은 이제 아버지의 그늘에서 벗어나 스스로 독립할 때가 되었다고 생각했습니다. 그래서 집을 떠나 뉴세일럼에 있는 한 가게에서 점원으로 새로운 생활을 시작했습니다.

링컨은 매우 친절하고 정직했습니다. 또한 책을 많이 읽어서 아는 것이 많았고, 이야기를 재미있게 잘했기 때문에 그가

미국 워싱턴 D.C.에 있는 링컨 기념관 | 미국의 1센트짜리 동전 뒷면과 5달러짜리 지폐 뒷면에 실려 있습니다.

일하는 오페트 씨의 가게는 언제나 사람들로 북적거렸습니다. 자연스레 마을 사람들과 이야기할 기회가 많아졌고, 그만큼 링컨은 금세 사람들과 친해질 수 있었습니다. 점차 신뢰도 높아졌습니다. 물론 친구들도 많이 생겼습니다.

1832년, 일리노이주 의회 의원 선거가 있었습니다. 링컨은 뉴세일럼 사람들의 열렬한 추천으로 이 선거에 출마했습

링컨 기념관에 있는 링컨 조각상

니다.

'훌륭한 정치가가 되어 흑인 노예를 해방시키고, 가난한 사람들을 위해 일하자.'

그러나 링컨은 그만 선거에서 떨어지고 말았습니다.

'실망할 것 없어. 이제 시작일 뿐이야.'

게티스버그 연설 장면 | 링컨은 이 연설에서 '국민의, 국민에 의한, 국민을 위한 정부'라는 유명한 말을 하였습니다.

링컨은 우체국장, 측량 기사 같은 일을 하면서 많은 사람들과 폭넓게 사귀었습니다. 그러는 동안에 세상 보는 눈도 한결 밝아졌습니다.

1834년, 링컨은 마침내 일리노이주 의회 의원에 당선되었습니다. 그리고 1836년에 다시 한 번 더 일리노이주 의회 의원에 당선되었습니다. 1년 후에는 변호사 시험에도 합격해 변호사가 되었습니다.

사람들이 축하 인사를 하면서 물었습니다.

"당신은 학교에 다니지도 않았으면서 어떻게 그 어려운 시험에 합격할 수 있었습니까?"

링컨은 웃으면서 책을 들어 보였습니다.

"모든 것은 바로 이 안에 있습니다. 책이 바로 저의 스승입니다."

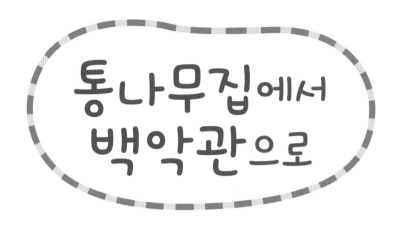

통나무집에서 백악관으로

링컨은 일리노이주에서 훌륭한 변호사로, 또 정직한 의원으로서 이름이 높아지기 시작했습니다. 메리 토드라는 아름다운 아가씨를 만나 결혼도 했습니다.

1846년, 링컨은 또다시 큰 선거에 나섰습니다. 연방 의회 하원 의원 선거에 출마한 것입니다. 여기서 승리한 링컨은 워싱턴에서 본격적으로 정치 활동을 시작했습니다.

그러나 자기 신념에 따라 대통령을 비난하다가 다른 의원들의 반발을 사게 되었습니다. 이 일로 임기를 마치고 정계에서

물러난 링컨은 스프링필드로 돌아와 다시 변호사 일을 시작했습니다.

이 무렵 미국의 가장 큰 문제는 노예 제도였습니다. 남부 지방 사람들은 목화 농사 때문에 노예 제도에 찬성했고, 북부 사람들은 반대했습니다. 이 문제는 노예 제도를 날카롭게 비판한 스토 부인의 소설 『톰 아저씨의 오두막집』을 통해 더욱 뜨겁게 불붙었습니다.

'노예 제도는 반드시 없어져야 해. 우리 조상들은 미국의 독립 선언문을 선포하면서 모든 사람은 평등하며, 인간은 누구나 똑같이 자유와 행복을 누릴 권리가 있다고 했어. 그런 만큼 민주주의를 가장 높이 받들어야 할 사람들이 노예를 부리다니…….'

링컨은 노예 제도를 반대하는 정당인 공화당에 들어가 다시 정치 활동을 펼치기 시작했습니다. 링컨은 뛰어난 연설가였기 때문에 많은 사람들에게 감동을 주면서 빠른 속도로 인정을 받았습니다.

"피부색이 밝은 사람도 있고, 피부색이 검은 사람도 있습니다. 이것은 색에 관한 얘기일 뿐이지요. 그런데 피부색이 밝은 사람이 자기보다 피부색이 짙은 사람을 노예로 만들 권리가 있는 겁니까? 그게 옳다면 당신들도 언젠가는 당신보다 피부가

1860년경 가족들과 책을 읽고 있는 링컨

더 하얀 사람들의 노예가 될 수도 있습니다."

링컨의 피끓는 연설이 많은 사람들의 마음을 움직였습니다. 그리하여 마침내 1860년 5월, 링컨은 공화당의 대통령 후보로 선출되었고, 그해 11월에 미국의 제16대 대통령으로 당선되었습니다. 켄터키의 통나무집에서 태어난 소년이 백악관(미국의 대통령이 살면서 나랏일을 하는 집)의 주인이 된 것입니다.

흑인 노예의
아버지

1861년 3월 4일, 링컨은 미국의 제16대 대통령에 취임했습니다. 이날 링컨은 취임 연설을 통해 국민들의 마음을 사로잡았습니다.

"미국은 노예 제도라는 불행한 일로 국민들이 분열되어 있습니다. 이제 우리는 인종이나 종교의 차별을 버리고, 미국이라는 이름 앞에 하나로 뭉쳐야 합니다. 우리들은 모두 형제요, 자매입니다. 오늘부터 하나로 굳게 뭉쳐서 자유와 평화가 넘치는 위대한 나라를 건설해 나갑시다."

그러나 남부 사람들은 냉담하기만 했습니다.

"노예 제도는 우리 남부 사람들의 권리야. 우리의 권리를 인정하지 않는 사람은 대통령으로 인정할 수 없어."

남부 사람들은 미국

1862년 남북 전쟁 때의 링컨 대통령 모습

연방에서 탈퇴해 '남부 연합'을 만들고, 대통령을 따로 뽑았습니다. 그리고 충돌이 더욱 심해져 마침내 전쟁이 일어나고 말았습니다. 이것이 바로 남북 전쟁입니다.

남북 전쟁은 무려 4년 동안이나 계속되었고, 수많은 희생자를 내면서 미국을 불행 속으로 몰아넣었습니다.

전쟁은 로버트 리 장군이 이끄는 남군이 우세했습니다. 링컨은 패전을 거듭하는 불리한 상황에서도 '노예 해방 선언문'을 발표해 미국의 흑인 노예들을 해방시켰습니다. 이 선언문이 발표되자, 미국의 모든 흑인 노예들은 감격의 눈물을 흘리며 만세를 불렀습니다. 1863년 1월 1일의 일이었습니다.

1864년 11월, 전쟁 중에 치러진 대통령 선거에서 링컨은 또다시 당선되어 제17대 대통령이 되었습니다.

이듬해인 1865년 4월 9일, 남군의 로버트 리 장군이 북군의 그랜트 장군에게 항복함으로써 4년 동안이나 계속되었던 전쟁이 마침내 끝났습니다. 남북으로 나누어졌던 미국이 비로소 하나가 된 것입니다.

링컨 장례식에서 운구 행렬 모습

　마침내 노예 제도가 폐지되어 흑인 노예들에게 자유와 평화
와 평등이 보장된 나라가 되었습니다.

　하지만 전쟁이 끝나고 다시 찾아온 평화의 기쁨이 채 가시
기도 전에 링컨은 노예 제도를 지지하는 남부 청년이 쏜 총을
맞고, 다음 날 쉰여섯 살의 나이로 숨을 거두었습니다. 1865
년 4월 15일 오전 7시 22분, 제17대 대통령에 취임한 지 한 달

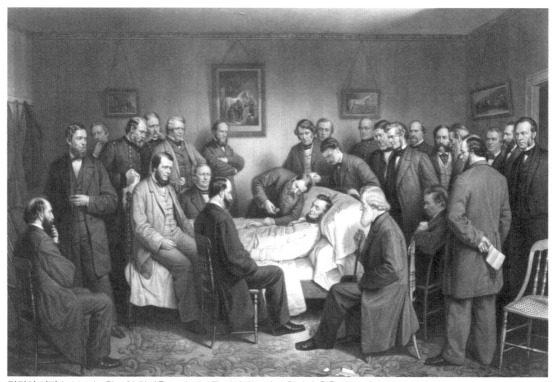

링컨의 사망 | 1865년 4월 15일 링컨은 노예 제도를 지지하는 남부 청년의 총을 맞고 사망하였습니다.

만의 일이었습니다.

에이브러햄 링컨. 그가 이 세상을 떠난 지 150여 년이 지났지만, 그는 지금도 흑인 노예의 아버지로서, 그리고 민주주의와 자유와 평등을 사랑한 지도자로서 우리들 가슴속에 영원히 살아 숨 쉬고 있습니다. ✿

연 대	발 자 취
1809년(0세)	2월 12일, 미국 켄터키 주의 놀린 크리크에서 태어나다.
1818년(9세)	어머니가 병으로 세상을 떠나다.
1820년(11세)	아버지가 새어머니 사라 부시와 재혼하다.
1834년(25세)	일리노이 주 의회 의원에 당선되다.
1836년(27세)	일리노이 주 의회 의원에 두 번째 당선되다.
1837년(28세)	독학으로 변호사가 되어 스프링필드에서 개업을 하다.
1838년(29세)	일리노이 주 의회 의원에 세 번째 당선되다.
1842년(33세)	메리 토드와 결혼하다.
1846년(37세)	미국 연방 의회 하원 의원에 당선되다.
1860년(51세)	대통령 선거에 당선되다.
1861년(52세)	3월 4일, 미국 제16대 대통령에 취임하다. 남북 전쟁이 일어나다.
1863년(54세)	노예 해방 선언문을 선포하다.
1864년(55세)	제17대 대통령에 당선되다.
1865년(56세)	3월 4일, 제17대 대통령에 취임하다. 4월 9일, 남북 전쟁이 북군의 승리로 끝나다. 4월 15일, 남부 출신 청년의 총격으로 세상을 떠나다.

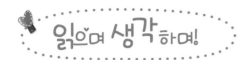
1. 링컨이 어릴 때, 새어머니는 링컨의 이름인 '에이브러햄'의 뜻을 알려
   줍니다. 에이브러햄이라는 이름은 무슨 뜻인가요?

_____

_____

2. 어느 날 뉴올리언스에 간 링컨은 어떤 광경을 보고 다음과 같은 결심을
   합니다. 링컨은 어떤 모습을 보고 이런 결심을 했나요?

> '두고 보아라. 나 에이브러햄 링컨은 반드시 노예
> 제도를 폐지하고, 미국 땅에서 노예들을 해방시킬 것
> 이다. 신분의 차이가 없는 평등한 세상을 만들 것이
> 다. 노예 해방을 위해 내 일생을 바칠 것이다.'

_____

_____

_____

3. 당시 미국에서는 노예 제도에 대해 남북 지방으로 나뉘어 서로 다른 주장을 하고 있었습니다. 남부 지방에서는 노예 제도에 찬성했고, 북부에서는 반대했습니다. 남부 지방에서 노예 제도를 찬성한 이유는 무엇인가요?

4. 어느 날, 빌려 온 책이 흠뻑 젖어 버리자 링컨은 다음과 같이 행동합니다. 이 경우 나라면 어떻게 행동했을지, 링컨의 행동에서 어떤 점을 배울 수 있을지 생각해 보세요.

> "죄송합니다. 제 잘못으로 아저씨의 소중한 책을 망가뜨렸습니다."
> 책 주인은 오히려 링컨을 위로했습니다.
> "괜찮다. 지붕이 새는 모양이구나. 난 이미 다 읽은 책이니 마음 쓰지 마라."
> "아니에요. 제 잘못이니 제가 책임을 져야지요. 제가 일을 해서 책값을 갚도록 하겠습니다."
> 링컨은 사흘 동안이나 책 주인의 농사일을 도왔습니다.

5. 여러분이 만약 링컨이라면 노예 제도에 찬성하는 남부 사람들을 어떻게 설득할지, 또 왜 그런 방법을 쓸지 설명해 보세요.

6. 링컨은 일리노이주의 의원으로 당선되면서 변호사 시험에도 합격했습니다. 그때 링컨은 축하하는 사람들에게 다음과 같이 말합니다. 여러분도 링컨의 말이 맞다고 생각하나요? 여러분의 생각을 써 보세요.

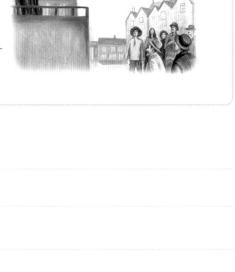

사람들이 축하 인사를 하면서 물었습니다.
"당신은 학교에 다니지도 않았으면서 어떻게 그 어려운 시험에 합격할 수 있었습니까?"
링컨은 웃으면서 책을 들어 보였습니다.
"모든 것은 바로 이 안에 있습니다. 책이 바로 저의 스승입니다."

1. 많은 사람의 아버지.

2. 노예 시장의 모습.

3. 목화 농사에 많은 노예가 필요했기 때문에.

4. 예시 : 책 주인을 찾아가 빌려 온 책이 물에 젖었다고 솔직하게 말하는 모습에서는 용기와 정직함을 배울 수 있다. 또, 망가진 책 대신 농사일을 거드는 행동에서는 책임감을 배울 수 있다. 만약 나라면 직접 가서 사과할 용기가 나지 않을 것 같다. 부모님께 대신 죄송하다는 말을 전해 달라고 하고, 보상 문제 역시 부모님에게 해결해 달라고 부탁할 것 같다.

5. 예시 : 우선 목화 농사를 짓는 데 많은 사람들이 필요하기 때문에 노예 제도에 찬성한다는 사실은 이해한다고 말할 것이다. 그런 다음 꼭 흑인 노예를 쓰지 않아도 되는 방법을 생각해 내서 남부 사람들에게 가르쳐 주겠다. 그러면 남부 사람들도 더 이상 고집을 부리지 않을 것이다. 반대 의견을 내는 사람을 설득하려면 우선 그 주장을 거두어들일 수 있는 의견을 제시해야 한다. 무조건 내 주장만 하면 상대를 설득할 수 없기 때문이다.

6. 예시 : 나도 링컨처럼 책 안에 모든 것이 있다고 생각한다. 이 세상을 더 많이 산 사람들이 어떻게 하면 바르게 살 수 있을지 쓴 책도 있고, 새로운 기술이나 역사적인 사실에 대해 알려 주는 책도 있다. 그런 책을 읽으면 지식이 풍부해지고, 내가 직접 하지 않은 일들에 대해서도 잘 알 수 있게 된다. 그렇기 때문에 책을 많이 읽는 것이 무엇보다도 중요하다고 믿는다.

역사 속에 숨은 위인을 만나 보세요!

최무선
(1328~1395)

황희
(1363~1452)

세종
대왕
(1397~1450)

장영실
(?~?)

신사임당
(1504~1551)

이이
(1536~1584)

허준
(1539~1615)

유성룡
(1542~1607)

한스
(1543

이순
(1545

오성
한음
(오성
1618
한음
1613)

광개토
태왕
(374~412)

연개
소문
(?~666)

장보고
(?~846)

을지문덕
(?~?)

김유신
(595~673)

대조영
(?~719)

왕건
(877~943)

강감찬
(948~1031)

고구려
살수
대첩
(612)

신라
삼국
통일
(676)

견훤
후백제
건국
(900)

궁예
후고구려
건국
(901)

고려
강화로
도읍
옮김
(1232)

개경
환도,
삼별초
대몽
항쟁
(1270)

문익점
원에서
목화씨
가져옴
(1363)

최무선
화약
만듦
(1377)

조선
건국
(1392)

임진
왜란
(1592~1598)

한산도
대첩
(1592)

허준
동의
완성
(1610)

병자
호란
(1636)

상평
통보
전국
유통
(1678)

고조선
건국
(B.C. 2333)

철기
문화
보급
(B.C.
300년경)

고조선
멸망
(B.C. 108)

고구려
불교
전래
(372)

신라
불교
공인
(527)

대조영
발해
건국
(698)

장보고
청해진
설치
(828)

왕건
고려
건국
(918)

귀주
대첩
(1019)

윤관
여진
정벌
(1107)

훈민
정음
창제
(1443)

| B.C. | 선사 시대 및 연맹 왕국 시대 | A.D. | 삼국 시대 | 698 남북국 시대 | 918 | 고려 시대 | 1392 |

| 2000 | 500 | 400 | 300 | 100 | 0 | 300 | 500 | 600 | 800 | 900 | 1000 | 1100 | 1200 | 1300 | 1400 | 1500 | 160 |

| B.C. | 고대 사회 | A.D. 375 | 중세 사회 | 1400 |

중국
황하
문명
시작
(B.C.
2500년경)

인도
석가모니
탄생
(B.C. 563년경)

알렉
산더
대왕
동방
원정
(B.C. 334)

크리
스트교
공인
(313)

게르만
민족
대이동
시작
(375)

로마
제국
동서로
분열
(395)

수나라
중국
통일
(589)

이슬람교
창시
(610)

수 멸망
당나라
건국
(618)

러시아
건국
(862)

거란
건국
(918)

송 태종
중국
통일
(979)

제1차
십자군
원정
(1096)

테무친
몽골
통일
칭기즈
칸이 됨
(1206)

원 제국
성립
(1271)

원 멸망
명 건국
(1368)

잔
다르크
영국군
격파
(1429)

구텐
베르크
금속
활자
발명
(1450)

코페르니
쿠스
지동설
주장

도요토미
히데요시
일본
통일
(1590)

독
30
전
(1618

영
청고
혁
(1642

뉴
만
인
법
발
(166

석가모니
(B.C. 563?~
B.C. 483?)

예수
(B.C. 4?~
A.D. 30)

칭기즈 칸
(1162~1227)

조선 시대 인물

정약용	(1762~1836)
김정호	(?~?)
주시경	(1876~1914)
김구	(1876~1949)
안창호	(1878~1938)
안중근	(1879~1910)
우장춘	(1898~1959)
유관순	(1902~1920)
방정환	(1899~1931)
윤봉길	(1908~1932)
이중섭	(1916~1956)
백남준	(1932~2006)
이태석	(1962~2010)

우리나라 주요 사건

- 이승훈 천주교 …도 (…4)
- 최제우 동학 창시 (1860)
- 김정호 대동여지도 제작 (1861)
- 강화도 조약 체결 (1876)
- 지석영 종두법 전래 (1879)
- 갑신정변 (1884)
- 동학 농민 운동, 갑오개혁 (1894)
- 대한 제국 성립 (1897)
- 을사조약 (1905)
- 헤이그 특사 파견, 고종 퇴위 (1907)
- 한일 강제 합방 (1910)
- 3·1 운동 (1919)
- 어린이날 제정 (1922)
- 윤봉길·이봉창 의거 (1932)
- 8·15 광복 (1945)
- 대한민국 정부 수립 (1948)
- 6·25 전쟁 (1950~1953)
- 10·26 사태 (1979)
- 6·29 민주화 선언 (1987)
- 서울 올림픽 개최 (1988)
- 북한 김일성 사망 (1994)
- 의약 분업 실시 (2000)

시대 구분

조선 시대 | 1876 개화기 | 1897 대한 제국 | 1910 일제 강점기 | 1948 대한민국

연표

700 · 1800 · 1850 · 1860 · 1870 · 1880 · 1890 · 1900 · 1910 · 1920 · 1930 · 1940 · 1950 · 1970 · 1980 · 1990 · 2000

근대 사회 | 1900 현대 사회

세계 주요 사건

- …국 …언 (…6)
- …랑스 …혁명 (…9)
- 청·영국 아편 전쟁 (1840~1842)
- 미국 남북 전쟁 (1861~1865)
- 베를린 회의 (1878)
- 청·프랑스 전쟁 (1884~1885)
- 청·일 전쟁 (1894~1895)
- 헤이그 평화 회의 (1899)
- 영·일 동맹 (1902)
- 러·일 전쟁 (1904~1905)
- 제1차 세계 대전 (1914~1918)
- 러시아 혁명 (1917)
- 세계 경제 대공황 시작 (1929)
- 제2차 세계 대전 (1939~1945)
- 태평양 전쟁 (1941~1945)
- 국제 연합 성립 (1945)
- 소련 세계 최초 인공위성 발사 (1957)
- 제4차 중동 전쟁 (1973)
- 소련 아프가니스탄 침공 (1979)
- 미국 우주 왕복선 콜럼비아호 발사 (1981)
- 독일 통일 (1990)
- 유럽 11개국 단일 통화 유로화 채택 (1998)
- 미국 9·11 테러 (2001)

세계 인물

…싱턴	(…2~1799)
…스탈…치	(…6~1827)
…차트	(…6~1791)
…폴옹	(…9~1821)
링컨	(1809~1865)
나이팅게일	(1820~1910)
파브르	(1823~1915)
노벨	(1833~1896)
에디슨	(1847~1931)
가우디	(1852~1926)
라이트 형제	(형, 윌버 1867~1912 / 동생, 오빌 1871~1948)
마리 퀴리	(1867~1934)
간디	(1869~1948)
아문센	(1872~1928)
슈바이처	(1875~1965)
아인슈타인	(1879~1955)
헬렌 켈러	(1880~1968)
테레사	(1910~1997)
만델라	(1918~2013)
마틴 루서 킹	(1929~1968)
스티븐 호킹	(1942~2018)
오프라 윈프리	(1954~)
스티브 잡스	(1955~2011)
빌 게이츠	(1955~)

2023년 6월 25일 2판 4쇄 **펴냄**
2014년 1월 10일 2판 1쇄 **펴냄**
2008년 3월 5일 1판 1쇄 **펴냄**

펴낸곳 (주)효리원
펴낸이 윤종근
글쓴이 김자환 · **그린이** 최주석
사진 제공 중앙포토
등록 1990년 12월 20일 · **번호** 2-1108
우편 번호 03147
주소 서울시 종로구 삼일대로 457, 406호
전화 02)3675-5222 · **팩스** 02)765-5222

ⓒ 2008 · 2014, (주)효리원

ISBN 978-89-281-0323-2 64990

이메일 hyoreewon@hyoreewon.com
홈페이지 www.hyoreewon.com